01

¿Cuáles son las ***partes*** del cuerpo humano, visto por fuera?

A ***Cabeza, tronco*** y ***ramas.***

B ***Delante, detrás, arriba*** y ***abajo.***

C ***Cabeza, tronco*** y ***extremidades.***

02

¿Cuál es el ***órgano*** más extenso del cuerpo?

A La ***piel.***

B El ***estómago.***

C Las ***piernas.***

01 Respuesta correcta: ***C.***
Las partes del cuerpo son la ***cabeza,*** que se une a otra parte, el ***tronco,*** mediante el cuello, y las ***extremidades,*** que son los brazos y las piernas.

02 Respuesta correcta: ***A.***
La piel es el órgano más extenso porque nos recubre ***todo el cuerpo.*** Nos protege del frío, del calor y de las infecciones, y nos permite relacionarnos con el mundo que nos rodea a través del tacto.

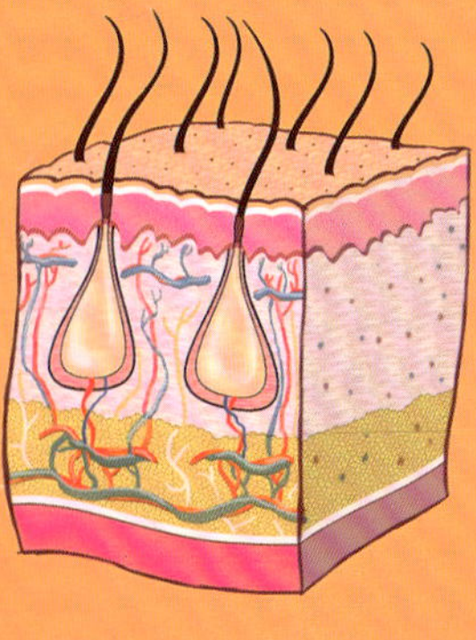
LA PIEL CUANDO HACE CALOR

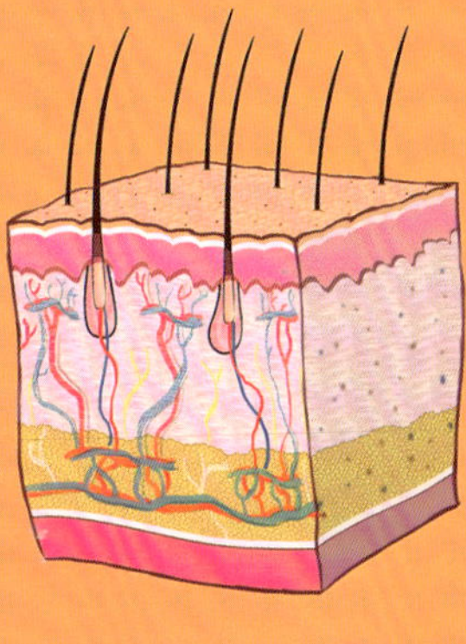
LA PIEL CUANDO HACE FRÍO

Para entender bien estos dibujos consulta la página 38 y lee la respuesta de la pregunta 35.

PREGUNTÓMETRO

el cuerpo humano

LAROUSSE

Dirección editorial: Jordi Induráin Pons
Edición: Emili López Tossas
Redacción: Roser Ruiz Lagunas
Ilustración: Judit Frigola Fontacaba
y Bruno Martínez Tabares
Corrección: Àngels Olivera Cabezón
Diseño y maquetación: Isaac Gimeno

Bac de Roda, 64, 1.ª planta, local B, 08019 Barcelona
www.larousse.es
clientes@grupoanaya.com

PAPEL DE FIBRA CERTIFICADA

Primera edición: mayo 2024
ISBN: 978-84-10124-28-8
Depósito legal: B-4947-2024
1E1I

El cabello solo sirve como ***adorno*** en la cabeza. ¿Verdadero o falso?

03

04

¿Por qué la piel ***se arruga*** dentro del agua?

A Porque ***absorbe agua*** y se hincha.

B Porque se vuelve ***blanda*** y escurridiza.

C Porque adquiere la textura de la ***vejez.***

03 Es ***falso.***
El pelo sirve para mantener el calor corporal en la cabeza, la cubre para evitar los rayos del sol y nos ***protege*** de los golpes.

04 Respuesta correcta: ***A.***
Porque la piel, sobre todo de los dedos, es ***más gruesa*** y puede absorber muchísima agua. Entonces se hincha y se forman surcos y crestas en los dedos.

05

¿Cómo es posible que la policía atrape a un ladrón examinando algo que haya ***tocado***?

A Porque el objeto tocado tiene una ***alarma.***

B Porque el ladrón deja ***marcas*** en el objeto.

C Porque el objeto está dotado de ***inteligencia artificial.***

06

Las personas de ***piel clara*** son de una raza diferente de las de ***piel oscura.*** ¿Verdadero o falso?

05 Respuesta correcta: ***B.***
Al tocar las cosas, dejamos marcas de las ***huellas dactilares,*** que son únicas: no hay dos personas que tengan el mismo dibujo en la yema de los dedos, ni siquiera los gemelos idénticos.

06 Es ***falso.***
Todos los humanos forman una única población porque no hay diferencias sustanciales entre ellos, y el color de la piel solo depende de la cantidad de ***pigmento*** que esta contiene. Las pieles oscuras contienen más pigmento.

07

¿Cuándo dejan de ***crecernos*** las uñas?

A Solo crecen mientras el resto del ***cuerpo*** también crece, luego paran.

B ***Nunca*** dejan de crecer.

C Crecen siempre, pero en ***verano*** descansan.

08

¿Y para qué ***sirven***?

07 Respuesta correcta: ***B.***
Las uñas crecen ***toda la vida*** al ritmo de 2 milímetros al mes, y cuando hace calor todavía crecen más.

08 La uñas sirven para ***proteger*** las puntas de los dedos, que son muy sensibles. Además, nos permiten rascarnos cuando tenemos picor y nos ayudan a coger cosas pequeñas.

09

¿En qué partes del cuerpo tenemos más ***cosquillas***?

10

Cuando nos damos un golpe nos sale un ***chichón*** porque...

A Las ***venitas*** de la piel se inflaman y aparece un bulto.

B El bulto indica dónde ***nos duele,*** así nadie lo toca.

C Así la próxima vez iremos con más ***cuidado.***

09 Las plantas de los pies, las axilas o las manos son las partes del cuerpo donde hay más ***terminaciones nerviosas.*** Es donde tenemos, cuando nos tocan ligeramente, más cosquillas, una sensación que provoca risa involuntaria y es muy divertida.

10 Respuesta correcta: ***A.***
Cuando nos damos un golpe fuerte en una parte del cuerpo donde solo hay hueso, como la frente, las venitas de la piel se ***inflaman*** y hacen que en esa zona salga un bulto.

11

Las ***cejas*** y las ***pestañas*** sirven para...

A Proteger los ***ojos.***

B Estar más ***guapos.***

C Poder ***guiñar*** el ojo con elegancia.

12

Cada día ***parpadeamos*** cerca de 20 000 veces. ¿Verdadero o falso?

11 Respuesta correcta: ***A.***
Las cejas evitan que el sudor entre en los ojos, y las pestañas son como un ***escudo protector*** para que no se metan en ellos bichos o polvo.

12 Es ***verdadero.***
Parpadeamos para ***extender las lágrimas*** que producimos continuamente y evitar que los ojos se sequen y sufran daños. Por eso podemos llegar a parpadear en un día ¡casi 20 000 veces!

13 Las orejas son ***blandas y flexibles*** para poder sujetar las gafas. ¿Verdadero o falso?

14 Si nunca nos cortáramos el ***pelo,*** crecería hasta que nos llegara a los pies. ¿Verdadero o falso?

13 Es ***falso.***
Las orejas están constituidas por ***cartílago,*** un tejido más blando que el hueso y más fuerte que el músculo, así mantienen su forma y pueden ejercer mejor de pabellón auditivo.

14 Es ***verdadero.***
El pelo crece entre 10 y 15 centímetros al año, y si no se corta ***sigue creciendo.*** Si nunca te hubieras cortado el pelo, a los 10 años podría medir ¡un metro y medio!

15

¿Por qué hemos de ponernos ***protección solar*** cuando estamos al aire libre?

16

¿Por qué a veces nos ponemos ***pálidos***?

A Eso no es verdad, solo pasa en las películas del Oeste americano, cuando salen los llamados ***«rostros pálidos»***.

B Por estar demasiado en clase, y no en la ***calle*** a pleno sol.

C Porque por algún motivo llega menos ***sangre*** a la cara.

15 Porque el sol emite luz ultravioleta, que daña las células de la piel. La cantidad de sangre que llega a una zona de la piel aumenta y se inflama: es la ***quemadura solar.*** Para evitarlo, hay que protegerse.

16 Respuesta correcta: ***C.***
La piel palidece si recibe ***menos sangre,*** como al llevarnos un susto, ya que el miedo detiene por un momento la circulación. Cuando nos ponemos enfermos también ocurre, porque llega menos sangre a la cara.

17

¿Por qué los adultos tienen tantos ***pelos*** en el cuerpo?

A Porque al crecer, ***crecen*** los pelos.

B Porque los adultos ***se injertan*** pelo.

C No es verdad, las ***mujeres*** casi no tienen.

A veces los pies ***huelen mal*** porque el sudor de esta zona produce mal olor. ¿Verdadero o falso?

18

17 Respuesta correcta: ***A.***
Porque, a medida que crecemos, los pelos se van haciendo más numerosos, y llegan a su máxima abundancia cuando nos hacemos ***adultos.***

18 Es ***falso.***
Es verdad que en los pies hay muchas glándulas sudoríparas, pero ***el sudor no huele.*** Cuando se mezcla con los microbios que viven en la piel, estos se multiplican y desprenden gases que producen un olor parecido al del queso.

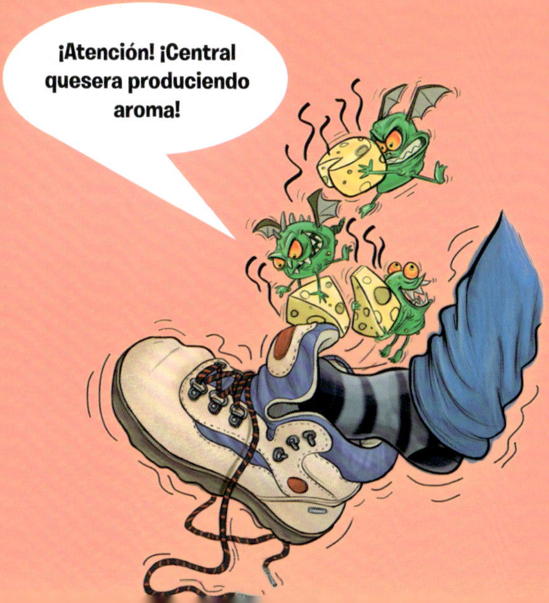

19

Los ***pelos de la nariz*** sirven para...

A Para ***nada,*** solo molestan y duele un montón si tiras de ellos.

B Para ***cerrar el paso*** a las cosas que no son bienvenidas en nuestro cuerpo.

C ¿En serio? ¿De verdad hay ***pelos*** en la nariz?

20

Los ojos salen ***rojos*** en las fotos si utilizamos flash. ¿Verdadero o falso?

19 Respuesta correcta: ***B.***
Esos curiosos pelitos que, es cierto, duele mucho si intentas arrancarlos, sirven para ***retener*** el polvo y los microbios que hay en el aire, y evitar que lleguen a los pulmones y los dañen.

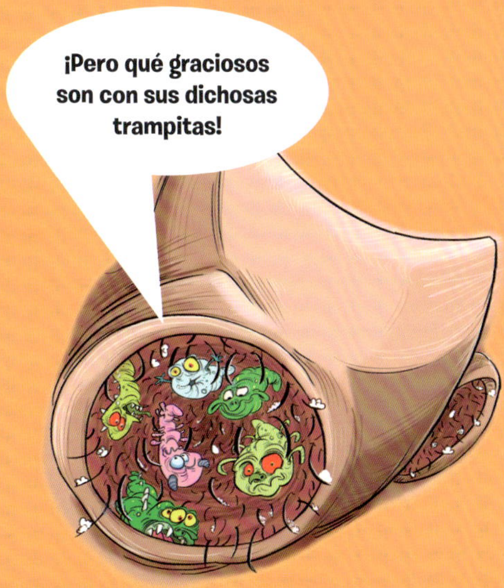

20 Es ***verdadero.***
No todo el ojo se ve rojo, solo la parte central. Cuando la luz del flash llega a la ***retina,*** esta se ilumina y la cámara la capta como si fuera de color rojo.

21

Una señora que lo ***oye*** todo
y no entiende nada.
¿Quién es?

22

¿Por qué tenemos ***dos orejas*** en lugar de una sola, como pasa con la nariz?

A Por ***simetría*** de la cara, igual que tenemos dos ojos.

B Para oír en ***estéreo.***

C Para saber dónde se produce un ***sonido*** y a qué distancia.

Suerte que tengo dos orejas: ¡una en cada lado de la cara!

21 La ***oreja.*** Gracias a su forma con pliegues y curvas, las orejas captan los sonidos que van por el aire. Luego el cerebro se encarga de interpretarlos.

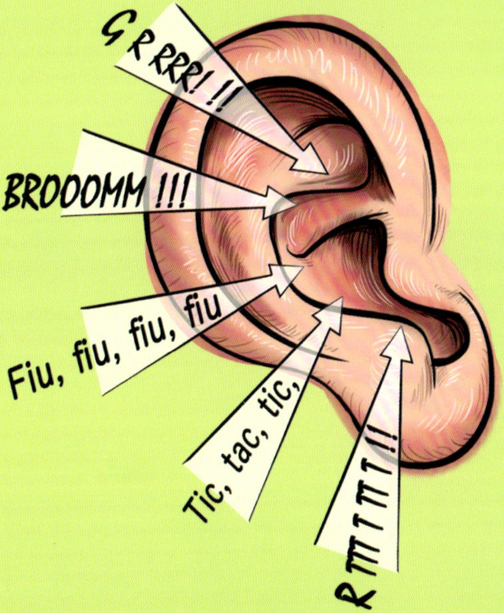

22 Respuesta correcta: ***C.***
La oreja que está más cerca del origen del ruido capta la ***señal*** antes y con más fuerza que la otra, y así se puede calcular una distancia y localizar el sonido.

23

¿Los ruidos muy fuertes nos pueden dejar ***sordos***?

24

Montar en la montaña rusa produce ***vértigo*** porque...

A El líquido que hay en el oído interno se vuelve ***loco.***

B Así salimos con cara de ***chalados*** en las fotos que nos hacen.

C Solo de ver la cola que hay para subir ya te da un ***pasmo.***

23 Sí. Aunque el oído tiene sistemas para protegerse de los ruidos fuertes, los sonidos muy intensos, como el estallido de un petardo, puede ***perjudicarlo*** de forma permanente. Los ruidos fuertes y continuados también causan ***pérdida de audición.***

24 Respuesta correcta: ***A.***
En el oído interno hay un ***líquido*** que indica al cerebro en qué posición estamos y la velocidad a la que vamos. Si nos movemos bruscamente, el líquido avisa al cerebro y este envía la sensación de vértigo y mareo.

25

Las que yo tengo son mías,
no me las pidas más:
cuidado no te marees
o te caigas al andar.
¿***Qué son***?

26

Hay una parte
del ojo que
es de ***cristal.***
¿Verdadero o falso?

25 Las ***gafas.*** Hay algunas personas que padecen algún defecto en la vista: las imágenes que ven son borrosas o están desenfocadas. Esto se corrige con gafas.

26 Es ***falso.***

Hay una parte del ojo que se llama ***cristalino,*** pero no es de cristal. Está detrás de la pupila y puede cambiar de forma, lo que nos permite ver con claridad tanto los objetos que están cerca como los que están lejos.

27

Podemos ***mover*** los ojos porque...

A Están sueltos dentro de la ***cuenca.***

B No se mueven. Para mirar a los lados tenemos que girar la ***cabeza.***

C Hay unos ***músculos*** muy pequeños que nos permiten hacerlo.

28

¿Qué parte del ojo puede ***aumentar*** hasta 7 veces su tamaño?

A La ***pupila.***

B La ***niña.***

27 Respuesta correcta: ***C.***
Detrás de los ojos hay unos ***músculos*** diminutos que se estiran y contraen conjuntamente para que puedan mirar hacia arriba, hacia abajo y a los lados. También les permiten rodar dentro de la cuenca.

28 Respuestas correctas: ***A*** y ***B.***
La ***pupila*** o ***niña*** (son sinónimos) es una pequeña abertura en medio del iris por donde entra la luz. Si hay mucha luminosidad, la pupila se cierra para proteger el ojo. Si hay poca, se abre para captar toda la luz posible.

29

¿Qué hay entre la ***risa*** y el ***llanto***?

- **A** La ***calma.***
- **B** Una ***comedia*** musical.
- **C** La ***nariz.***

30

¿Por qué cuando estamos ***resfriados*** la comida es menos sabrosa?

29 Respuesta correcta: ***C.***
La ***nariz*** se encuentra entre los ojos (llanto) y la boca (risa). La nariz sirve para respirar y para captar los olores. ¡Sus células pueden distinguir hasta 100 olores distintos!

30 El sabor de los alimentos es una mezcla de su ***olor*** y su ***gusto.*** Cuando estamos resfriados, la nariz está llena de mocos y no puede percibir el olor de la comida.

31

La lengua ***capta*** el sabor de la comida gracias a que tiene muchos músculos para moverse. ¿verdadero o falso?

32

¿Cuántos ***sabores*** hay?

A ***Delicioso, bueno, normal*** y ***asqueroso.***

B ***Dulce, salado, ácido*** y ***amargo.***

C De ***carne,*** de ***pescado,*** de ***verduras*** y de los ***lácteos.***

31 Es ***falso.***
La lengua percibe los sabores gracias a las ***papilas gustativas.*** Estas los detectan por contacto cuando los alimentos tocan la lengua.

32 Respuesta correcta: ***B.***
Los cuatro sabores que se distinguen son el ***dulce,*** como la miel; el ***salado,*** como las patatas fritas; el ***ácido,*** como el limón, y el ***amargo,*** como el café. El resto son combinaciones de estos cuatro.

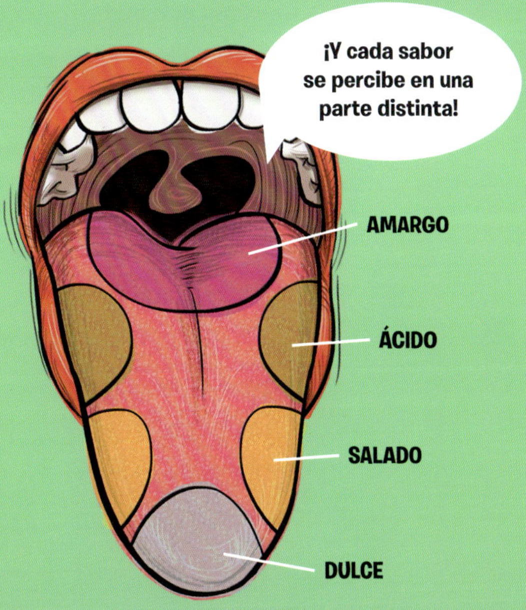

33

Los ***caramelos,*** ¿cómo están más ricos?

A Si se deshacen en la ***boca.***

B Si los masticamos y ***tragamos*** enseguida.

34

Al comer notamos si el alimento está caliente o frío porque la lengua también detecta la ***temperatura.*** ¿Verdadero o falso?

33 Respuesta correcta: ***A.***
Si los tragamos, no apreciamos el ***sabor.*** En cambio, cuando se funden en la boca, la saliva los va deshaciendo mientras la lengua los remueve y capta los sabores.

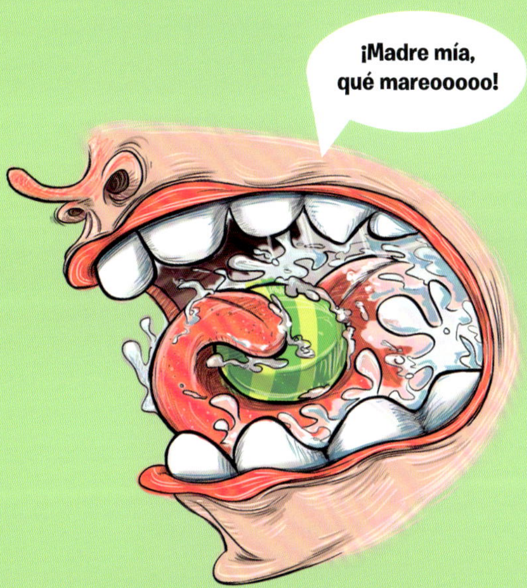

34 Es ***verdadero.***
Además de detectar el sabor de los alimentos, las ***células*** que forman los tejidos de la lengua también notan su temperatura. ¡Cuidado con las sopas muy calientes o los helados!

35

A veces se nos pone la ***carne de gallina*** cuando tenemos calor. ¿Verdadero o falso?

36

¿Cómo ***notamos*** las cosas y la temperatura que tienen?

A Por el roce de la ***ropa.***

B Gracias a ***receptores*** nerviosos.

C Las cosas las ***vemos,*** pero no las tocamos.

35 Es ***falso.***
Es cuando tenemos frío que los vasos sanguíneos se contraen para ***mantener el calor.*** Los músculos también se contraen para poner los pelos de punta y crear una zona de aire caliente junto a la piel.

36 Respuesta correcta: ***B.***
Gracias a los ***receptores nerviosos*** que hay en la piel. En todo el cuerpo hay unos 5 millones de terminaciones que captan la presión, el calor y el dolor, y envían los mensajes al cerebro.

37

El ***esqueleto*** sirve para...

A ***Asustar*** a la gente.

B Dar forma al ***cuerpo*** y que se pueda mover.

C Exhibirlo en el ***laboratorio.***

38

Brazos y piernas se pueden ***flexionar*** gracias a los huesos. ¿Verdadero o falso?

37 Respuesta correcta: ***B.***
Sin el esqueleto, nuestro cuerpo ***no tendría forma,*** no podría sostenerse, no podríamos movernos y las vísceras más delicadas no estarían protegidas.

38 Es ***falso.***
Las zonas donde se unen dos huesos y nos permiten flexionar los brazos o las piernas se llaman ***articulaciones.*** ¡Gracias a ellas podemos movernos!

39

¿Cuál de estos nombres corresponde a ***un hueso***?

A ***Campana.***

B ***Osito.***

C ***Estribo.***

40

El hueso ***más largo*** del cuerpo se llama «largárito». ¿Verdadero o falso?

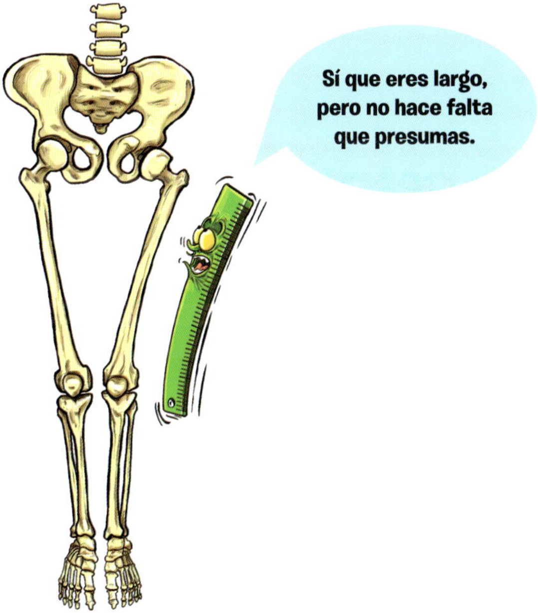

39 Respuesta correcta: ***C.***
El estribo es uno de los tres huesecillos que se encuentran ***dentro del oído*** y sirven para transmitir los sonidos. Tiene el tamaño de la punta de un lápiz.

40 Es ***falso.***
El hueso más largo, que va de la pelvis a la rodilla, se llama ***fémur.*** En un adulto puede medir medio metro de longitud. ¡Así cualquiera duerme a pierna suelta!

41

¿Cuántos ***huesos*** tenemos?

A Unos ***500.***

B Unos ***200.***

C Unos ***30.***

42

Si un hueso ***se rompe,*** no hay solución, permanece igual para siempre. ¿Verdadero o falso?

41 Respuesta correcta: ***B.***
Los adultos tienen unos ***200 huesos,*** pero los recién nacidos tienen más de 300. La mitad de nuestros huesos se encuentran en las manos y en los pies. ¡Una sola mano tiene 26 huesos!

42 Es ***falso.***
Cuando nos caemos o nos damos un golpe y se nos rompe un hueso, el médico ***enyesa*** la parte del cuerpo donde se encuentra. Así el hueso roto no se mueve, con lo que se cura antes y mejor.

43

A los niños se les ***sueldan antes*** los huesos rotos porque...

A Son más ***listos*** y saben cómo hacerlo.

B Aún están ***creciendo.***

C Qué va, no se curan antes, pero están ***distraídos*** y no lo notan.

44

Y a los ***ancianos*** se les rompen con mucha facilidad. ¿Verdadero o falso?

43

Respuesta correcta: ***B.***
Los niños están en una etapa de crecimiento, también los huesos. Por eso las células que los componen están en constante ***renovación*** y eso permite que sanen antes.

44

Es ***verdadero.***
Las personas mayores no renuevan las células de los huesos con tanta frecuencia como los jóvenes, por lo que se vuelven ***más frágiles*** y se quiebran con más facilidad.

45

El corazón ***bombea*** la sangre a todo el cuerpo, pero ¿cuánta?

A ***5*** litros al día.

B ***Unos cuantos*** litros, nadie lo sabe exactamente.

C ***8000*** litros al día.

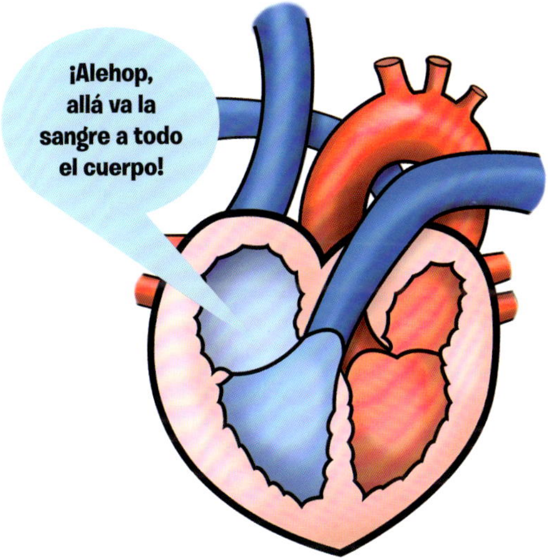

46

El ***pulso*** solo se nota en la muñeca. ¿Verdadero o falso?

45 Respuesta correcta: ***C.***
El corazón es un músculo con forma de manzana y del tamaño de un puño cerrado. Gracias a su función, todas las partes del cuerpo reciben sangre. ¡Cada día bombea unos ***8 000 litros!***

46 Es ***falso.***
El pulso son unos ***latidos*** que notamos cuando ponemos el dedo en la muñeca, el tobillo o el cuello. Se debe al movimiento de los vasos sanguíneos cuando circula la sangre.

47

A veces el corazón se **para.** ¿Verdadero o falso?

48

La sangre es de color ***rojo,*** pero ¿por qué?

A Porque tiene unas ***células*** que son de ese color.

B Porque así da más miedo cuando la vemos. Es señal de ***peligro.***

C Porque siendo de ese color ***se ve más*** que si fuera transparente.

47 Es ***falso.***
El corazón no se detiene ***nunca*** mientras estamos vivos, solo cuando morimos. Durante la vida de una persona, el corazón late millones de veces.

48 Respuesta correcta: ***A.***
La sangre tiene el color de los ***glóbulos rojos,*** las células que se encargan de transportar el oxígeno. Además, en la sangre hay otras células: glóbulos blancos y plaquetas.

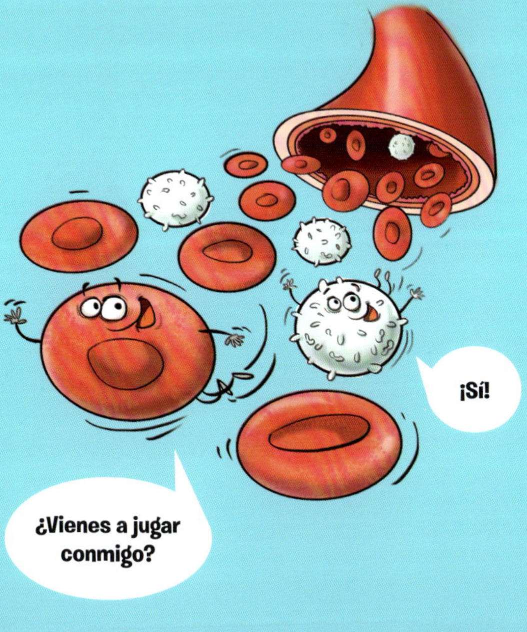

49

Cuando hacemos ***deporte*** el corazón late lentamente. ¿Verdadero o falso?

50

¿Hay personas de ***sangre azul***?

A Sí, entre la ***alta nobleza,*** por herencia de unos pocos y distinguidos linajes.

B No, ***no hay.*** Todas las personas tienen sangre roja.

C Depende de la temperatura: en ***invierno,*** con el frío, la sangre es azul.

49 Es ***falso.***
Cuando hacemos un ***esfuerzo físico*** intenso, como correr o practicar deporte, es necesario hacer llegar más cantidad de sangre a los músculos que se están moviendo y el corazón tiene que trabajar más.

50 Respuesta correcta: ***B.***
Todas las personas somos iguales, y la sangre siempre es roja. Pero a veces, por un ***efecto de la luz*** sobre la piel, hace que veamos las venas de color azul, en especial en personas de piel clara.

51

A veces se nos ***duerme*** un brazo o una pierna porque...

A Deciden tomarse un ***descanso.***

B Se corta la conexión de los ***nervios.***

C Se corta la circulación de la ***sangre.***

52

Si los componentes de la ***sangre*** no están bien equilibrados, enfermamos. ¿Verdadero o falso?

51 Respuesta correcta: ***C.***
Cuando llevamos un rato en una mala postura, se corta el ***riego sanguíneo.*** Eso produce una sensación de adormecimiento, como si tuviéramos al mismo tiempo pinchazos y hormigueo.

52 Es ***verdadero.***
En la sangre hay células sanguíneas, agua, gases, nutrientes y sustancias de desecho. Cada ***componente*** tiene una misión, y si de alguno existe un exceso o menos de lo normal es señal de alguna enfermedad.

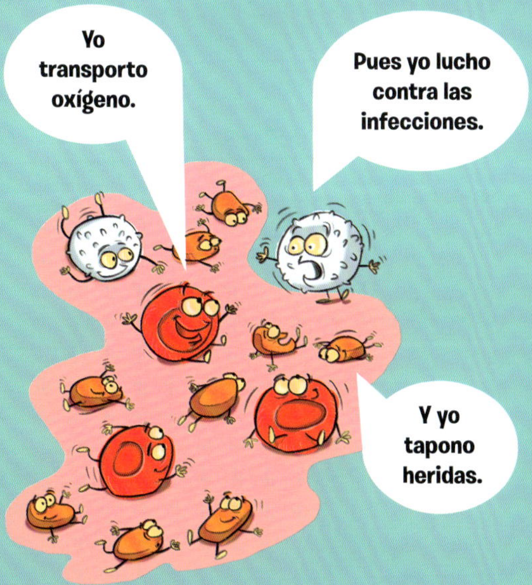

53 ¿Por qué los deportistas están tan ***cachas***?

A Porque comen ***carne*** todos los días.

B Porque ya ***nacieron*** así.

C Porque el ***deporte*** desarrolla los músculos.

Las ***agujetas*** se producen porque, al hacer ejercicio, los músculos se han inflamado. ¿Verdadero o falso? **54**

53 Respuesta correcta: ***C.***
Al practicar un ***deporte,*** los músculos se desarrollan más y se aprecian mejor. Si dejamos de movernos durante muchos días, como cuando nos escayolan una pierna, los músculos adelgazan y pierden fuerza.

54 Es ***verdadero.***
Si hacemos un ejercicio físico intenso, los músculos y los tendones pueden ***inflamarse.*** Para evitarlo, hay que hacer ejercicios de calentamiento antes, y estiramientos después.

55

¿Por qué el ***bíceps*** forma una bola al flexionar el brazo?

A Porque así sabemos si hemos asistido a clase de ***gimnasia.***

B Porque el ***hombro*** presiona sobre el codo.

C Porque se ***hincha*** al contraerse.

56

El ***flato*** se produce cuando a los músculos les falta oxígeno. ¿Verdadero o falso?

55 Respuesta correcta: ***C.***
Para flexionar el brazo, se mueven dos músculos en ***sentido contrario:*** el bíceps se contrae y se hincha, y el tríceps se estira y se deshincha.

56 Es ***verdadero.***
Al hacer ejercicio físico, el diafragma y otros músculos pueden ponerse rígidos si les falta ***oxígeno.*** Parece ser que si bebes o comes justo antes de iniciar el ejercicio, puedes tener flato más fácilmente.

57

¿Cuánto ***mide*** el intestino?

A Entre ***cinco*** y ***seis*** metros.

B Más de ***diez*** metros.

C Menos de ***tres*** metros.

58

El ***apéndice*** se puede usar para sustituir a otros órganos que estén enfermos. ¿Verdadero o falso?

57

Respuesta correcta: ***A.***
Hay dos tipos de intestino. El ***grueso*** mide un metro y medio, y el ***delgado*** mide tres veces lo que mides tú. En total, entre cinco y seis metros.

58

Es ***verdadero.***
El apéndice es una bolsita unida al intestino que hasta hace poco parecía que no servía para nada, solo para inflamarse y provocar apendicitis. Ahora se utiliza para ***sustituir*** a otros órganos enfermos, como la vejiga urinaria.

59

El tamaño del ***cerebro*** es el mismo toda la vida: el de un recién nacido y el de un adulto son igual de grandes. ¿Verdadero o falso?

60

¿Qué pasa si no llega ***suficiente sangre*** al cerebro?

A No pasa ***nada*** porque en el cerebro siempre hay una reserva de sangre.

B Es ***grave*** y se puede perder el conocimiento.

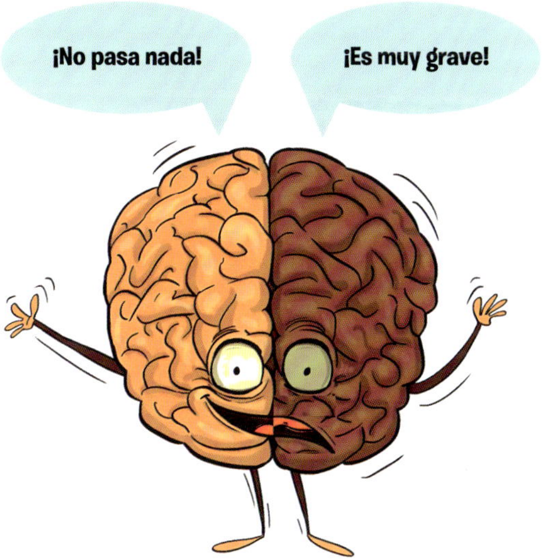

59 Es ***falso.***
El cerebro es un órgano que ***va creciendo*** a medida que nos hacemos adultos. El de un recién nacido pesa unos 350 gramos; el de un niño de un año, 900 gramos; y el de un adulto, unos 1300 gramos.

60 Respuesta correcta: ***B.***
Si nuestro ***cerebro*** no funciona correctamente por falta de oxígeno y nutrientes, notaremos la cabeza embotada e incluso podríamos llegar a perder el conocimiento.

61

Me mojo por una especie de ***agua*** que ni del cielo ha caído ni de la tierra ha salido. ¿Qué es?

62

La ***cera*** que sale en las orejas se llama...

A ***Cerumen.***

B ***Cerulita.***

C ***Cardumen.***

61 El ***sudor.*** Sudamos para refrescarnos cuando la temperatura del cuerpo sube demasiado, y también para eliminar algunos residuos del cuerpo.

62 Respuesta correcta: ***A.***
El ***cerumen*** que producen los oídos tiene dos funciones: combate las infecciones y actúa como un escudo para evitar que el polvo y los gérmenes entren por el conducto auditivo.

¿Por dónde sale el ***sudor***?

63

A Por los ***cabellos.***

B Por las ***axilas.***

C Por los poros de la ***piel.***

La ***placa dental*** es una película pegajosa y transparente que se forma sobre los dientes y las encías.
¿Verdadero o falso?

64

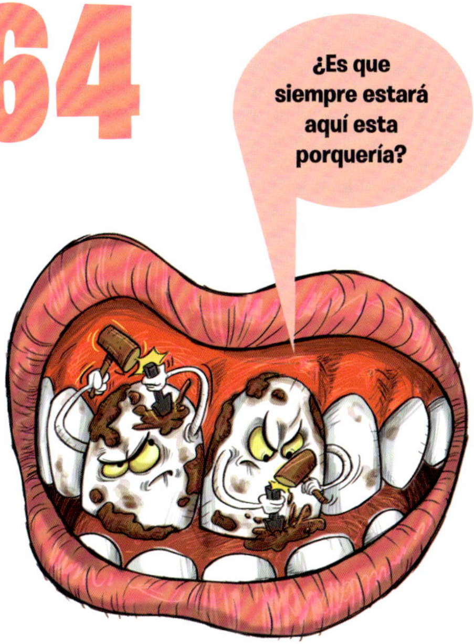

63

Respuesta correcta: ***C.***
El sudor sale, en forma de gotitas, por unos pequeños agujeros de la piel llamados ***poros.*** Si la piel no está limpia, el sudor se mezcla con los microbios que hay en ella y entonces olemos mal.

64

Es ***verdadero.***
La placa dental se compone de bacterias, restos de comida y saliva, y aparece de forma natural. Si no se ***elimina*** regularmente con un buen cepillado, puede causar caries y otras enfermedades.

65

La ***saliva*** sirve para...

A ***Escupir*** de vez en cuando.

B Iniciar la ***digestión*** y prevenir infecciones.

C ***Babear*** cuando una comida nos parece apetitosa.

66

El ***hipo*** es aire que sale de golpe cuando comemos demasiado deprisa. ¿Verdadero o falso?

65

Respuesta correcta: ***B.***
Cuando comes, la saliva inicia la ***descomposición*** de los alimentos y ayuda a ablandarlos. Cuando no comes, protege los dientes, ya que contiene sustancias que ***combaten*** los microbios.

66

Es ***verdadero.***
A veces, por comer demasiado deprisa o demasiada cantidad, el diafragma se irrita, desciende de forma brusca y ***entra aire*** en la garganta de golpe, lo que produce el típico ruido del hipo.

Cuando respiramos, el aire que sale de los pulmones contiene un ***gas tóxico.*** ¿Verdadero o falso?

67

68

¿Por qué en invierno soltamos ***nubecitas*** al respirar?

A Porque así contribuimos a la ***nubosidad*** normal del invierno.

B Porque nuestro aire se convierte en ***vaho*** cuando entra en contacto con el aire frío.

67 Es ***verdadero.***
El aire que expulsamos contiene ***dióxido de carbono.*** Los pulmones intercambian ese aire sucio por aire limpio, que contiene el oxígeno que necesitamos.

68 Respuesta correcta: ***B.***
Si en el exterior ***la temperatura es baja,*** nuestro aire caliente entra en contacto con el frío y las gotitas de agua que contiene se convierten en vaho.

69

¿Dónde se forma el ***pipí***?

A En el ***estómago.***

B En los ***riñones.***

C En el ***hígado.***

70

Todo lo que comemos acaba en el váter en forma de **caca.** ¿Verdadero o falso?

69

Respuesta correcta: ***B.***
Los ***riñones*** filtran la sangre cuando pasa por ellos y separan los residuos y el agua que sobra, formando el pipí.

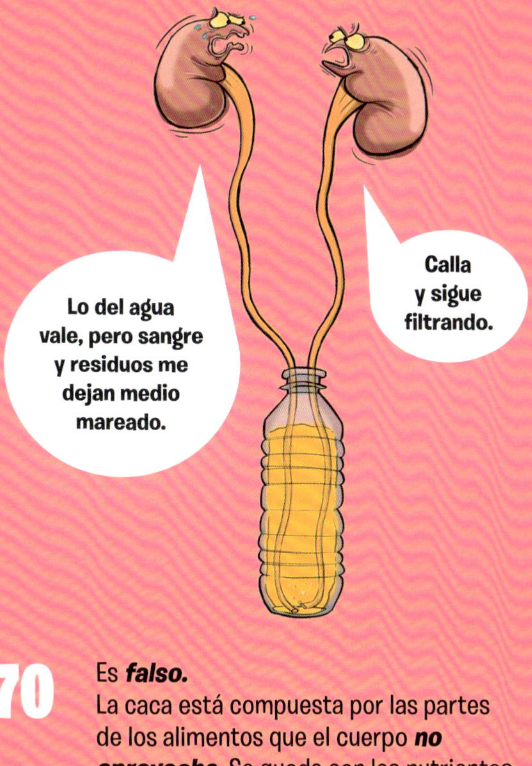

70

Es ***falso.***
La caca está compuesta por las partes de los alimentos que el cuerpo ***no aprovecha.*** Se queda con los nutrientes, los líquidos, las vitaminas, etc. Y lo demás acaba en el váter.

71

¿Cuesta mucho ***aguantarse*** el pipí?

¿Qué son los ***pedos***?

A Gases producidos por ***duendes*** traviesos.

B Gases producidos por el ***estómago.***

C Gases producidos por ***microbios.***

72

71 Sí, y pasa a menudo... La orina que forman los riñones se acumula en una especie de bolsa, la ***vejiga urinaria,*** que al llenarse le da al cerebro la orden de que debemos vaciarla rápido para poder admitir más pipí.

72 Respuesta correcta: ***C.***
En el intestino viven muchísimos ***microbios*** que ayudan a la digestión. Pero tienen un defecto: cuando actúan sobre los restos de alimentos, producen gases que hay que expulsar.

73

El ***pangolín*** es un animal nocivo porque transmitió a los humanos el virus causante de la pandemia de la COVID-19 en 2019. ¿Verdadero o falso?

74

Los conejos siempre ***roen*** cosas porque...

A Así evitan que sus ***dientes*** crezcan hasta el infinito.

B Quieren conseguir el ***récord Guinness*** de roer, que hasta hoy tienen las ratas.

C Es la forma que tienen de ***comunicarse*** entre ellos.

73

Es ***falso.***
En la naturaleza, ***no hay especies buenas y especies nocivas o malas,*** y no hay pruebas claras de que el pangolín transmitiese el virus causante de la COVID-19. Pero con toda seguridad, es una especie en peligro de extinción que se debe proteger.

74

Respuesta correcta: ***A.***
Los dientes de los conejos no tienen un tamaño determinado, sino que ***crecen*** continuamente. Si no quieren que lleguen a dimensiones desproporcionadas, tienen que morder y morder para ***desgastarlos.***

75

¿Qué significa ***«estar sano»***?

A No tener enfermedades a pesar de comer ***chuches*** todo el día.

B Gozar de buena ***salud*** y tener un cuerpo que funciona bien.

C No ir nunca al ***médico.***

76

¿Cómo avisa el cuerpo de que algo ***funciona mal***?

A No avisa; solo los ***médicos*** pueden averiguarlo.

B Con ***síntomas*** como la fiebre.

75 Respuesta correcta: ***B.***
Entendemos que estamos sanos cuando tenemos ***buena salud*** porque nuestro cuerpo funciona perfectamente. Esto hace que nos sintamos bien y podamos realizar cualquier actividad diaria.

76 Respuesta correcta: ***B.***
En general, cuando en el cuerpo hay algo que no funciona bien, se activan unas alertas: dolor de cabeza, fiebre, vómitos, falta de apetito, diarrea... Se considera que son ***síntomas*** de enfermedades.

77

El cuerpo ***se defiende*** de las enfermedades con...

A Los glóbulos ***blancos.***

B Los glóbulos ***negros.***

C Los globos ***oculares.***

78

Cuando vamos al lavabo, después siempre tenemos que ***lavarnos las manos.*** ¿Verdadero o falso?

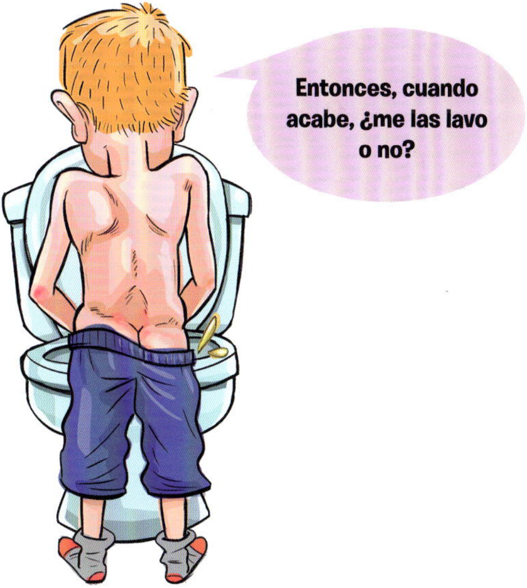

77 Respuesta correcta: ***A.***
Los ***glóbulos blancos*** son un tipo de células sanguíneas que defienden el cuerpo de los microbios que nos atacan. Algunos detectan los gérmenes y dan el aviso, y otros destruyen los microorganismos.

78 Es ***verdadero.***
El pipí y la caca contienen microbios que pueden pasar a las manos y de ahí a otras partes del cuerpo, y ***provocar enfermedades.*** Por eso, después de ir al baño, es necesario lavarse bien las manos.

El ***pus*** es una señal de que el cuerpo está siendo atacado. ¿Verdadero o falso?

79

80

¿Por qué a veces nos ***operan***?

A Porque mola tener ***cicatrices,*** como también tatuajes.

B Porque no todas las enfermedades se curan con ***medicinas.***

C Porque con la anestesia se resuelven problemas de ***insomnio.***

79

Es ***verdadero.***
Cuando una herida es ***atacada*** por microbios, las defensas del cuerpo los combaten. El pus es un líquido amarillento en el que flotan las células y los microorganismos que han muerto en esa lucha.

80

Respuesta correcta: ***B.***
Hay enfermedades que ***no se pueden curar*** con medicamentos, como la apendicitis, y es necesario operar. A veces nos operan porque se nos ha roto un hueso y nos lo tienen que «reparar».

81

Las ***vitaminas*** son...

A Sustancias ***necesarias*** para que nuestro cuerpo funcione bien.

B Medicamentos para aliviar el ***resfriado.***

C Sustancias ***poco recomendables*** para la salud.

82

Hay que ***beber*** al menos 10 litros de agua al día. ¿Verdadero o falso?

81 Respuesta correcta: ***A.***
Las vitaminas son sustancias necesarias para que nuestro cuerpo ***funcione correctamente.*** Nuestro cuerpo no las produce, así que hay que tomarlas con los alimentos, con una dieta equilibrada.

82 Es ***falso.***
Si bebiéramos tanta agua, enfermaríamos. Hay que beber aproximadamente ***2 litros al día*** para reponer el agua que perdemos al respirar, sudar y hacer pipí.

83 ¿Existe una ***pirámide*** para comer de forma saludable?

84 La ***caries*** es una enfermedad que estropea las uñas. ¿Verdadero o falso?

85 ¿Hay que ***cocinar*** todos los alimentos?

83 Sí, la ***pirámide alimentaria:*** con ella sabemos qué alimentos son necesarios todos los días y cuáles hay que tomar de vez en cuando.

84 Es ***falso.***
La caries es una enfermedad que ***estropea los dientes*** y puede llegar a destruirlos.

85 No. Algunos alimentos se comen ***crudos,*** como la fruta, pero otros, como la carne, deben cocinarse para reblandecerlos y que nuestro cuerpo los pueda digerir bien.

86

¿Qué podemos hacer para ***evitar*** la caries?

87

Es conveniente que los niños tomen mucha ***leche, yogur y queso.*** ¿Verdadero o falso?

88

No todos los ***niños*** crecen a la misma edad. ¿Verdadero o falso?

86 Para evitar la caries tenemos que ***cepillarnos*** los dientes después de cada comida e ir al dentista una vez al año.

87 Es ***verdadero.***
Mientras crecemos hay que comer alimentos ricos en proteínas y vitaminas, como los lácteos, que son los ***materiales de construcción*** de nuestro cuerpo.

88 Es ***verdadero.***
Cada persona crece a ***su ritmo,*** y a partir de los 10 o 12 años se producen cambios que indican el inicio de la adolescencia.

89

¿Por qué se ***arruga*** la piel al envejecer?

90

Los ancianos tienen el pelo ***blanco*** porque...

A Con los años el pelo pierde ***pigmento.***

B Entre los abuelos está de ***moda*** este color del pelo.

C Es una ***tradición*** cultural, como el vestido de las novias.

91

Los ***recién nacidos*** duermen todo el día. ¿Verdadero o falso?

89 Porque con la edad, la piel ***pierde más agua*** y no se estira ni se alisa.

90 Respuesta correcta: ***A.***
Con los años, el pelo pierde ***pigmento*** y los cabellos se convierten en canas.

91 Es ***falso.***
Los bebés duermen mucho, entre 12 y 16 horas, porque esto les ayuda a ***crecer y fortalecerse,*** pero no todo el día.

92

Es bueno dormir con la ***luz encendida.*** ¿Verdadero o falso?

¿Cuántas ***horas*** necesitamos dormir?

93

A Con ***cuatro*** basta.

B Entre ***ocho y diez,*** según la edad.

C En ***verano*** más que en ***invierno.***

94

¿Cómo se llaman las imágenes que se representan en el cerebro mientras ***dormimos***?

92 Es ***falso.***
El cuerpo solo puede liberar las sustancias que nos ayudan a tener un ***sueño reparador*** cuando estamos a oscuras.

93 Respuesta correcta: ***B.***
Los adultos necesitan dormir ocho horas para descansar y ***reparar el cuerpo,*** y los niños, nueve o diez horas.

94 Son los ***sueños.*** Mientras dormimos, el cerebro ordena las experiencias que hemos tenido durante el día. Según lo que hayamos vivido, podemos tener pesadillas.

95 ¿Es obligatorio echar la ***siesta***?

96 ¿Por qué nos ponen ***vacunas***?

A Para que el médico aprenda a tener buena ***puntería.***

B Para introducir ***sangre*** en el cuerpo, cuando falta.

C Para introducir sustancias que nos ***defienden*** de las enfermedades.

97 ¿Es bueno estar ***sin comer***?

95 No es imprescindible, pero una siesta de 20 minutos permite que el ***cerebro descanse,*** mejora la concentración y hasta ayuda a ser más creativo.

96 Respuesta correcta: ***C.***
Las vacunas contienen pequeñas cantidades de microbios para que nuestro cuerpo se pueda ***defender*** de algunas enfermedades. Cuando nos las ponen, conseguimos que el cuerpo esté preparado.

ENFERMEDADES QUE SE PUEDEN PREVENIR CON LAS VACUNAS

- virus del papiloma humano (solo chicas)
- sarampión
- rubeola
- varicela
- hepatitis A y B
- meningococo C
- tuberculosis
- rabia
- COVID-19
- gripe
- cólera
- difteria
- tétanos
- tos ferina
- neumococo
- paperas

97 En general, no conviene saltarse comidas. El cuerpo debe reponer la ***energía*** que ha consumido en las actividades diarias.

98

¿Hay que mantener el cerebro ***en forma,*** igual que el cuerpo?

99

¿Cuánto ***miden*** los nervios?

A ***10*** metros.

B ***10*** kilómetros.

C ***100 000*** kilómetros.

100

¿Cuántos ***años*** puede vivir una persona?

A Entre ***80*** y ***90.***

B Entre ***70*** y ***80.***

C Más de ***100.***

98 Sí. Las ***células nerviosas*** no se regeneran y cada día perdemos unas 100 000. Para evitar que el cerebro se resienta con la edad, hay que mantenerlo leyendo, haciendo cálculo, etc.

99 Respuesta correcta: ***C.***
El cerebro está unido al cuerpo mediante los nervios, que miden unos ***100 000 kilómetros.*** ¡Como si dieras la vuelta a la Tierra dos veces y media!

100 Respuesta correcta: ***C.***
Llega un momento en que el cuerpo está tan ***desgastado*** que se para, pero puede ser más allá de los 100 años. La persona que más ha vivido es la francesa Jeanne Calment, que tenía 122 años cuando falleció.